IL DISASTRO NUCLEARE DI CHERNOBYL

- **Quando?** 26 aprile 1986.

- **Dove?** A Chernobyl (attuale Ucraina).

- **Contesto?**

  - L'URSS e il suo programma nucleare civile.

  - La costruzione dell'impianto di Chernobyl.

- **Protagonisti principali?**

  - Mikhail Gorbaciov, statista russo (nato nel 1931).

  - La squadra della centrale di Chernobyl (ingegneri e pompieri).

- **Implicazioni?**

  - L'indebolimento del regime sovietico.

  - Un disastro umano ed ecologico.

  - Riflessioni sulla sicurezza nucleare.

Il 26 aprile 1986, all'1:22 di notte, Chernobyl, gioiello della tecnologia sovietica e simbolo del successo del regime comunista, era ancora la più grande centrale nucleare dell'URSS. Un minuto dopo, quando il reattore n. 4 esplose, divenne una rappresentazione da incubo dell'impotenza umana. Questo impianto ucraino, situato a 20 chilometri dal confine con la Bielorussia, è diventato il centro di una grande nube radioattiva che

Il disastro nucleare di Chernobyl

Il disastro nucleare e le sue devastanti conseguenze

IL DISASTRO NUCLEARE DI CHERNOBYL

Il disastro nucleare e le sue devastanti conseguenze

scritto da Aude Perrineau
tradotto par Sara Rossi

50MINUTES.com

ha inquinato gran parte dell'Europa. Ancora oggi, una zona di esclusione inabitabile con un raggio di 30 chilometri circonda il sito e i territori contaminati si estendono per decine di migliaia di chilometri.

Questo drammatico incidente, il più grave mai sperimentato dall'industria dell'energia nucleare, ha un posto speciale nell'immaginario collettivo degli europei. Con una tecnologia fuori controllo, una serie di errori umani e una copertura politica, lo scenario del disastro ha tutti gli elementi di un buon thriller di cui non conosciamo l'esito. Nulla di Chernobyl è certo: né l'origine precisa dell'esplosione, né l'accertamento delle responsabilità, né la quantità di materiale radioattivo rilasciato, né gli effetti a lungo termine sulla salute e sull'ambiente, né tantomeno il tributo umano. Cosa sappiamo oggi di Chernobyl?

 ## LO SAPEVATE?

Il nome di Chernobyl risuona come simbolo di due grandi tragedie del XXI secolo, poiché è anche il nome di un villaggio ebraico ucraino spazzato via dalle truppe tedesche durante la Seconda guerra mondiale (1939-1945).

CONTESTO

L'URSS E IL SUO PROGRAMMA NUCLEARE CIVILE

Nel 1917, la Rivoluzione d'ottobre portò alla caduta dell'imperatore Nicola II (1868-1918) e del regime zarista in Russia, lasciando spazio all'instaurazione del comunismo. L'URSS, un nuovo Stato federale, fu fondata nel 1922. Il partito unico che governava il Paese determinava la pianificazione dell'economia e dello sviluppo industriale. "Il comunismo è il potere sovietico più l'elettrificazione di tutto il Paese", dichiarò Lenin (rivoluzionario e statista russo, 1870-1924) nel 1920, associando strettamente l'ideale comunista al progresso tecnico e allo sviluppo elettrico fin dall'inizio (Ackerman Galia, *Chernobyl, retour sur un désastre*, Paris, Buchet/Chastel, 2006, p. 17).

Dal 1947 al 1991, l'URSS e gli Stati Uniti furono impegnati in un conflitto di lunga durata: la guerra fredda. La loro contrapposizione ideologica e politica, sorta dopo la fine della Seconda guerra mondiale, comportò una corsa agli armamenti senza fine, in cui ciascuna parte cercò di mantenere la superiorità tecnologica sull'altra. Dopo aver costruito la propria bomba atomica nel 1949, l'URSS perseguì lo sviluppo nucleare per scopi civili e militari e nel 1952 Stalin (statista sovietico, 1878-1953) annunciò un programma di sviluppo dell'energia nucleare. In questo contesto, l'energia nucleare emerse come uno dei principali simboli del potere comunista, forse addirittura il suo simbolo più forte. A metà degli anni Sessanta fu approvato un vasto piano per la costruzione di centrali elettriche, tra cui quella di Chernobyl. Come tutto ciò che riguarda l'energia nucleare, ciò che accade all'interno dei complessi rimane un mistero. Come fiore all'occhiello della tecnologia sovietica, sono circondati da un mito di assoluta affidabilità e sicurezza.

 ## LO SVILUPPO DEL NUCLEARE CIVILE

Il primo prototipo equivalente a una centrale nucleare fu sviluppato nel 1942 da Enrico Fermi (fisico italiano, 1901-1954) all'Università di Chicago. In seguito, le cose si mossero molto rapidamente: il primo impianto sperimentale fu costruito nel 1951 negli Stati Uniti, il primo impianto civile tre anni dopo in URSS e il primo impianto su scala industriale nel 1956 nel Regno Unito.

LA CENTRALE DI CHERNOBYL

Nel 1970 iniziò la costruzione della centrale di Chernobyl, a 130 chilometri a nord della città di Kiev. Per ospitare i dipendenti e le loro famiglie, fu costruita la città di Pripyat a tre chilometri di distanza. Il primo reattore entrò in funzione nel 1977, seguito da un secondo un anno dopo, da un terzo nel 1981 e da un quarto – distrutto dall'esplosione – nel dicembre 1983. L'impianto divenne il più grande dell'URSS. Tuttavia, ciò non bastò e furono avviati nuovi lavori per la costruzione di altri due reattori.

Tutti sono del tipo RBMK (acronimo di *reaktor bolshoy moschnosti kanaly*, "reattore a tubo in pressione ad alta potenza"), più costoso degli altri modelli e tuttavia meno affidabile. Sebbene non fossero state la causa del disastro, alcune caratteristiche tecniche di questo tipo di reattori lo amplificarono e favorirono l'esplosione del reattore n. 4. I reattori RBMK sono particolarmente difficili da controllare e hanno un sistema di arresto di emergenza troppo lungo e non abbastanza affidabile. Inoltre, non dispongono di recipienti di contenimento sufficientemente resistenti per evitare fughe radioattive in caso di incidente grave. Questi reattori di fabbricazione sovietica erano stati scelti esclusivamente sulla base di criteri politici e militari.

Tuttavia, l'esistenza di tali difetti tecnici non sembrava turbare alcuni dei più eminenti scienziati sovietici, dal momento che uno di loro, Anatoli Aleksandrov (1903-1994), allora presidente dell'Accademia delle Scienze dell'URSS, dichiarò che un reattore RBMK era "così sicuro da poter essere installato persino sulla Piazza Rossa" (*Ibid.*, p. 47).

VERSO IL DISASTRO

L'incidente nucleare di Chernobyl non è il primo in URSS. Dal 1957 si sono verificate almeno un'esplosione, una fusione parziale del nocciolo, un incendio del reattore e numerosi casi di surriscaldamento del reattore in vari impianti. Nel 1982, quattro anni prima dell'evento, si verificò una fusione parziale del combustibile nel reattore n. 1 di Chernobyl, ma la questione fu così ben taciuta che né i direttori delle altre centrali sovietiche né l'allora leader Leonid Brezhnev (1906-1982) ne furono informati. Tuttavia, un'analisi *a posteriori di* questi incidenti avrebbe potuto contribuire a migliorare il funzionamento degli impianti. Ma all'epoca le norme di sicurezza erano una preoccupazione minore rispetto al massimo sfruttamento delle possibilità di produzione. Il mito del reattore infallibile è quindi rimasto profondamente radicato nella mente delle persone.

Il disastro nucleare di Chernobyl non si verificò durante il funzionamento di routine dell'impianto, ma durante un esperimento di sicurezza effettuato sul reattore 4. Lo scopo di questo esercizio era verificare se, in caso di interruzione di corrente, la rotazione delle turbine del generatore accoppiato al reattore fosse in grado di produrre elettricità residua sufficiente a mantenere in funzione il sistema di raffreddamento del reattore fino all'attivazione dei motori di emergenza. Prevedeva inoltre la disattivazione di tutti i sistemi di protezione, in contrasto con le norme di sicurezza. La centrale di Chernobyl accettò la missione, che fu effettuata il 25 aprile 1986 di sera per non interrompere la fornitura di energia elettrica alla città di Kiev.

ATTORI PRINCIPALI

MIKHAIL GORBACIOV, STATISTA RUSSO

Nato il 2 marzo 1931 nella regione di Stavropol (Caucaso settentrionale), Mikhail Gorbaciov proveniva da una famiglia di agricoltori. Dopo aver lavorato come trattorista, studiò legge a Mosca e poi agronomia. Fece carriera fino a diventare membro effettivo del Politburo (ufficio esecutivo del CPSU, Partito Comunista dell'Unione Sovietica) nel 1980. Nel marzo 1985, dopo la morte di Konstantin Chernenko (statista sovietico, 1911-1985), fu nominato Segretario generale del CPSU, il massimo dirigente del Paese.

Socialista convinto ma riformista, intendeva riorganizzare un sistema che si era esaurito e lanciò una vasta politica di *perestroika* ("ristrutturazione") e *glasnost* ("trasparenza"), che avviò una liberalizzazione economica, politica e culturale. Tuttavia, il confronto con la realtà fu così difficile che *la glasnost* mise in pericolo il regime screditandolo tra la popolazione. La *Perestrojka* aveva anche sconvolto il sistema economico senza riuscire a trasformarlo. Questo aggravamento dei problemi interni era in contrasto con i progressi compiuti nelle relazioni internazionali. Gorbaciov aveva avviato una distensione nelle relazioni tra Est e Ovest e incontrato i successivi presidenti degli Stati Uniti per discutere il disarmo nucleare, per il quale pochi anni dopo ricevette il Premio Nobel per la pace. Nell'agosto 1991, un tentativo di colpo di Stato abortito da parte dei conservatori accelerò la dissoluzione dell'Unione Sovietica. Il 25 dicembre fu costretto a dimettersi dalla presidenza di un'URSS che non esisteva più.

IL TEAM DELL'IMPIANTO

Viktor Brioukhanov era stato il direttore generale della centrale di Chernobyl fin dai primi anni Settanta. Era un ingegnere intelligente e laborioso, ma non uno specialista del nucleare. In vista del previsto esperimento di sicurezza sul reattore 4, inviò il programma di test ai suoi superiori, ma non ricevette alcuna risposta. Lungi dall'essere preoccupato da questo silenzio — era infatti un'abitudine della burocrazia sovietica — lasciò che la sua squadra portasse a termine l'esperimento.

Briukhanov era di solito assistito da Nikolai Fomine, l'ingegnere capo, un elettricista di formazione arrivato a Chernobyl nel 1972. Ma la sera della tragedia, né Briukhanov né Fomine erano presenti sul posto. Il responsabile era il vice capo ingegnere Anatoli Diatlov. Arrivò a Chernobyl nel 1973 e fu responsabile del funzionamento del secondo reattore. era lui che preparava il reattore n. 4 secondo il programma approvato da Fomine per realizzare l'esperimento. Il suo team comprendeva, tra gli altri, Alexander Akimov, il supervisore del turno del reattore, e Leonid Toptunov, l'ingegnere capo responsabile del funzionamento del reattore.

L'impianto aveva una propria stazione dei vigili del fuoco, diretta dal maggiore Leonid Telyatnikov. La notte dell'incidente, il tenente Vladimir Pravik e la sua squadra erano in servizio. Infine, il tenente Victor Kibenok era responsabile dell'antincendio di Pripyat e intervenne la sera del disastro.

Dopo gli eventi, Brioukhanov, Fomine e Diatlov vennero trascinati sul banco degli imputati. Giudicati colpevoli, tutti e tre furono condannati al carcere.

IL DISASTRO NUCLEARE DI CHERNOBYL

IL FUNZIONAMENTO DEL REATTORE N. 4

In genere, un reattore nucleare sfrutta la reazione di fissione dell'atomo di uranio in modo controllato. In questa reazione, un nucleo pesante si divide in due nuclei più piccoli sotto l'impatto di un neutrone (il mattone del nucleo atomico). La reazione emette un numero maggiore di neutroni ed è accompagnata da un rilascio molto elevato di calore e quindi di energia. I neutroni emessi dalla prima reazione provocano a loro volta la fissione di altri nuclei. Ha quindi luogo una reazione a catena, che viene stabilizzata in un determinato momento dalla cattura permanente di alcuni dei neutroni rilasciati. I reattori nucleari sono accoppiati a generatori che permettono di convertire il calore rilasciato in elettricità.

Il reattore n. 4 di Chernobyl era una cavità di cemento contenente un nucleo di grafite il cui scopo era rallentare i neutroni per facilitare le reazioni di fissione ("moderatore"). In questo nucleo erano presenti anche circa 1.700 colonne contenenti combustibile all'uranio e circa 200 barre di controllo utilizzate per assorbire i neutroni in eccesso. Queste barre di controllo erano mobili: potevano essere sollevate o abbassate per rallentare o accelerare la reazione a catena.

LA SEQUENZA ACCIDENTALE

La notte della tragedia, a causa di un errore operativo, la potenza del reattore diminuì più del previsto e scese a un livello in cui, a causa della sua progettazione, il reattore divenne particolarmente instabile. A questo punto l'esperimento avrebbe dovuto essere interrotto, ma non lo fu. Diatlov si oppose a questo. Per ripristinare la potenza, il team rimosse le barre di assorbimento e ne lasciò troppo poche per i requisiti di sicurezza. I membri della squadra furono quindi costretti a fare una serie di aggiustamenti rapidi — e non sempre sensati — per mantenere il livello di potenza del reattore, che era diventato molto instabile.

A 1 ora 23 minuti e 4 secondi, Toptunov notò che il nucleo stava scappando. Akimov premette il pulsante di arresto di emergenza per ritrarre le barre di controllo, ma la loro cattiva progettazione alterò le condizioni termodinamiche del nucleo e aumentò ulteriormente la reattività. In pochi secondi, la potenza aumentò di 100 volte il valore nominale e il reattore esplose, spazzando via la lastra di cemento che lo ricopriva. A contatto con l'aria, la grafite iniziò a bruciare a una temperatura di oltre 2.000°C, formando una colonna di fuoco nel cielo. Diverse esplosioni avvennero a pochi secondi di distanza l'una dall'altra, inondando il sito di detriti radioattivi incandescenti, innescando numerosi incendi e creando un campo di radiazioni estremamente intenso.

Secondo l'ingegnere nucleare Grigori Medvedev, il personale della centrale, fermamente convinto che un reattore non potesse esplodere, era certo che fosse stato un serbatoio a essere colpito. Arrivato sul posto alle 2.30 del mattino, Briukhanov avrebbe chiamato Mosca e trasmesso l'informazione che il reattore era intatto e che la situazione radiologica era normale. Il Politburo e Gorbaciov furono informati che si era verificato un grave incidente. Arrivati sul posto pochi minuti dopo, i tenenti Pravik e Kibenok, quindi i rinforzi chiamati dal maggiore Telyatnikov, spensero gli incendi secondari dopo diverse ore di lavoro, evitando la propagazione delle fiamme agli altri reattori. Gravemente irradiati, furono portati in ospedale, dove molti morirono con grande dolore nelle settimane successive.

 ## CHERNOBYL DAL CIELO

Igor Kostine (nato nel 1936), fotografo e reporter, sorvolò la centrale poche ore dopo l'esplosione. Scattò una veduta aerea del reattore esploso, l'unica testimonianza iconografica esistente del giorno dell'incidente. Era sfocata e sgranata a causa dell'estrema intensità delle radiazioni. Le foto seguenti erano completamente nere e la fotocamera si bloccò dopo il ventesimo scatto.

LIQUIDAZIONE

Il termine "liquidazione" si riferisce al lavoro intrapreso in fretta e furia dopo l'esplosione per fermare il reattore e contenere la fuoriuscita di materiale radioattivo. I liquidatori arrivarono in gran numero (da 600.000 a

800.000 persone) da tutta l'Unione Sovietica. Erano civili e militari che si alternarono per diversi anni per ridurre al minimo l'esposizione individuale alle radiazioni. Il loro lavoro si svolgeva in condizioni catastrofiche, a causa di attrezzature inadeguate e radiazioni.

Il loro primo compito fu quello di spegnere l'incendio della grafite e fermare le reazioni nucleari nel reattore. Fino al 10 maggio, 5.000 tonnellate di materiale (boro, dolomite, argilla, sabbia e piombo) vennero gettate a rotazione da un elicottero nel nocciolo del reattore. Nel frattempo, all'interno del reattore, il combustibile di uranio fuso si mescolò con vari componenti e detriti nel nucleo per formare un magma chiamato corium. Formatosi a temperature molto elevate, era estremamente caldo, tossico e radioattivo e si accumulò sul fondo del serbatoio. Gli ingegneri temevano che potesse sfondare la lastra di cemento sul fondo del reattore, penetrare nel sottosuolo e interagire con l'acqua. Diverse centinaia di minatori furono quindi mobilitati per scavare una galleria sotto il reattore al fine di raffreddarlo e isolarlo.

In superficie, si cercò di utilizzare dei robot per ripulire la grafite e altri detriti radioattivi sparsi nel sito. Poiché i sistemi elettronici non potevano sopportare l'alto livello di radiazioni, si decise di utilizzare gli uomini. Armati di pale, uscirono a turno per pochi minuti alla volta prima di tornare alla sicurezza delle radiazioni. Nelle vicinanze furono avviate enormi opere di contenimento, che alla fine si rivelarono inefficaci, per cercare di contenere l'acqua contaminata. Infine, fu costruito un enorme sarcofago intorno al reattore con 300.000 tonnellate di acciaio e cemento per contenere il materiale radioattivo rimanente. Anche 600-800 trincee furono frettolosamente scavate nel sito per immagazzinare rifiuti radioattivi senza alcuna precauzione.

 ## Lo sapevate?

Dopo la liquidazione fu necessario abbandonare sul sito circa un milione di m³ di materiale radioattivo, soprattutto attrezzature edili.

EVACUAZIONI

Il principio dell'evacuazione, sebbene menzionato molto presto, fu deciso ufficialmente solo la sera del 26 aprile. Il pomeriggio successivo la città di Pripyat era deserta. I 49.000 abitanti, che avrebbero dovuto partire per due o tre giorni, portarono con sé solo il minimo indispensabile. Pochi giorni dopo fu presa la decisione di evacuare la popolazione nel raggio di 30 chilometri dall'impianto. La città di Chernobyl, situata a 20 chilometri dal luogo del disastro, fu evacuata solo il 5 maggio. Gli animali domestici venivano macellati e i loro cadaveri bruciati. Le case vennero distrutte per scoraggiare il ritorno delle persone e interi villaggi furono seppelliti: le case venivano spinte in grandi fosse scavate dai bulldozer e ricoperte di terra. In totale, nel 1986, 135.000 persone furono evacuate in Ucraina, 25.000 in Bielorussia e 1.000 in Russia. Ulteriori evacuazioni furono decise negli anni successivi e altre 250.000 persone furono sfollate fino al 1995.

EUROPA CONTAMINATA

Durante l'incendio della grafite, le emissioni nell'aria formarono una nube di particelle radioattive che si diffuse nell'atmosfera. La quantità di materiale radioattivo rilasciato durante il disastro è sconosciuta esistono solo stime più o meno affidabili. Alcuni ritengono che il reattore, che originariamente conteneva 190 tonnellate di uranio, sia ancora quasi pieno, mentre altri ritengono che sia quasi vuoto. In ogni caso, il lungo tempo di rilascio degli elementi radioattivi, l'alta quota raggiunta (tra 1 e 1,5 chilometri) e i cambiamenti di direzione del vento favorirono la contaminazione a lunga distanza su gran parte dell'Europa. Il 26 aprile, il giorno dell'incidente, le emissioni furono trasportate verso nord-ovest, raggiungendo prima la Bielorussia e la Scandinavia. Il giorno successivo si spostarono in Europa verso ovest e poi verso est. La nube raggiunse anche il Giappone, ma il livello di radioattività rilevato fu estremamente basso.

I depositi al suolo risultanti da questi scarichi erano altamente eterogenei e più significativi dove gli scarichi incontravano le precipitazioni. Questo fenomeno produsse una contaminazione a "macchia di leopardo", responsabile di grandi variazioni nei livelli di radioattività a breve distanza. Il 70% delle ricadute è concentrato in Bielorussia, Ucraina e Russia. Le aree contaminate ufficialmente riconosciute coprono 42.000 km² in Ucraina, 46.000 km² in Bielorussia e 57.000 km² in Russia. Attualmente, cinque milioni di persone vivono ancora nelle aree colpite, di cui 100.000 in zone contaminate.

IL SILENZIO DELLE AUTORITÀ

Come di consueto, le autorità non rilasciarono alcuna informazione. L'incidente fu annunciato solo due giorni dopo con un breve comunicato stampa, seguito da un breve accenno al telegiornale della sera. I comunicati ufficiali dei giorni successivi furono estremamente rassicuranti e ribadirono che la situazione era in continuo miglioramento. Temendo ripercussioni sulla stampa internazionale, il 29 aprile l'URSS rifiutò la proposta di aiuto americana, sostenendo che tutti i problemi erano stati risolti. A Kiev, il 1° maggio fu celebrato normalmente, anche se la radioattività era molto più alta del normale. Un intervento televisivo di Gorbaciov ebbe finalmente luogo il 14 maggio 1986: l'incidente fu ancora minimizzato, ma fu ufficialmente riconosciuto.

La reazione delle autorità si spiegò sia con l'abitudine di insabbiare i problemi sia con la difficoltà di gestire un incidente così inaspettato. Le evacuazioni vennero effettuate molto tardi e non fu fatto nulla per proteggere la popolazione dalle prime radiazioni, anche se le soluzioni esistevano. Anche i liquidatori pagarono il prezzo di questa politica: le dosi di radiazioni che ricevettero furono ridotte al minimo, mentre le linee guida mediche vietarono di stabilire un legame tra le radiazioni e le patologie sviluppate da alcuni.

In una seconda fase, l'incidente venne drammatizzato per sottolineare il coraggio dei sovietici: la liquidazione fu raccontata come una guerra contro un nemico invisibile, in cui i liquidatori erano stati veri e propri eroi e le autorità responsabili della liquidazione vennero elogiate per la loro azione. Nonostante il pericolo di radiazioni, alla fine dei lavori venne piantata una bandiera sovietica in cima alla ciminiera del reattore sconfitto. Uno striscione appeso accanto ad esso proclamava che "il popolo sovietico è più forte dell'atomo" (Werth Nicolas, "Chernobyl : enquête sur une catastrophe annoncée", in *L'histoire*, n° 308, 2006, p. 73).

 ## L'ANNUNCIO GLOBALE DEL DISASTRO

Furono gli svedesi ad annunciare l'incidente al resto del mondo. Un livello anormalmente alto di radioattività era stato rilevato nella centrale di Forsmark durante un controllo di routine la mattina del 28 aprile 1986. L'impianto fu evacuato per paura di una perdita sconosciuta. Lo studio della traiettoria del vento e delle particelle radioattive portò infine alla conclusione che esse provenivano dall'Unione Sovietica. Le informazioni furono poi riprese e trasmesse dalle agenzie di stampa europee.

CHI È RESPONSABILE?

Nel luglio 1987, un processo a porte chiuse durato alcune settimane portò alla condanna dei principali dirigenti della centrale — Brioukhanov, Fomine e Diatlov — a diversi anni di carcere. Akimov e Toptounov erano stati gravemente irradiati e già morti. Gli errori commessi da questi uomini erano stati estremamente gravi: avevano condotto un esperimento senza l'autorizzazione dei loro superiori, in assenza di un supervisore, di notte e durante il fine settimana. Avevano commesso errori nei calcoli iniziali, effettuato manipolazioni errate e violato più volte le norme di sicurezza, senza rendersi conto della rapidità con cui la situazione si stava deteriorando. Ma furono anche le vittime di un sistema fallimentare che aveva bisogno di capri espiatori. Scarsamente addestrati, collocati in posizioni di responsabilità inadatte alle loro competenze e ingannati sull'affidabilità dei reattori, rimasero convinti di non aver commesso alcun errore e sostennero la loro innocenza fino al giorno del processo. Furono parzialmente riabilitati nel 1990.

L'incidente fu il risultato di una generale mancanza di "cultura della sicurezza", sia a livello di progettazione del reattore che di formazione del personale. Rifletteva l'incompetenza generale dei dirigenti, a tutti i livelli gerarchici, che erano responsabili della gestione dell'energia nucleare senza essere degli specialisti. Anche alcuni manager del settore energetico e nucleare furono chiamati a rispondere delle loro azioni. Gorbaciov si difese dicendo che non era consapevole della gravità della situazione. Alcuni avevano più scrupoli, come Valeri Legassov (scienziato sovietico, 1936-1988), fervente difensore dell'energia nucleare e membro della commissione incaricata dei lavori di liquidazione, che si suicidò nell'aprile 1988, lasciando un testo in cui denunciava l'assurdo funzionamento di un sistema che aveva portato al disastro.

IMPATTI

UN SISTEMA POLITICO SCOSSO

L'incidente non rivelò solo l'obsolescenza degli impianti e il miraggio della tecnologia sovietica, ma anche i difetti di un sistema politico malato nel suo complesso, mostrando gli effetti disastrosi della cultura della segretezza, della compartimentazione delle informazioni e della mancanza di importanza data agli individui. Il risultato fu una perdita di fiducia della popolazione nei confronti dei suoi leader. La dichiarata volontà di trasparenza di Gorbaciov si scontrò con la forza del disastro, che aveva accelerato questa politica di apertura e, allo stesso tempo, mostrato la difficoltà di attuarla: sebbene le informazioni su Chernobyl si stessero sviluppando, rimanevano anche altamente monitorate.

Il disastro, che divenne un elemento di protesta nazionale ucraina, contribuì alla disintegrazione dell'URSS. In effetti, la mobilitazione dei movimenti indipendentisti delle varie nazionalità che componevano l'Unione Sovietica fu uno dei fattori che portarono alla sua scomparsa. L'Ucraina era la seconda repubblica dell'Unione, dopo la Russia. Le proteste cominciarono all'inizio del 1987, quando si era diffusa l'entità del disastro, e proseguirono negli anni successivi. Più in generale, l'evento servì come punto di raccolta per l'opposizione e per il risveglio della coscienza nazionale ucraina.

CONSEGUENZE SCONOSCIUTE SULLA SALUTE

Si fa distinzione tra la fase accidentale, pericolosa a causa dell'esposizione esterna alle radiazioni e i cui effetti si manifestano rapidamente — la fase che aveva colpito i liquidatori — e la fase post-accidentale, dannosa a causa della contaminazione interna cronica, che attualmente colpisce gli abitanti delle regioni contaminate. Questa contaminazione cronica è piccola in termini assoluti, ma la sua ripetizione quotidiana induce effetti a lungo termine la cui natura precisa e la cui importanza sono attualmente sconosciute. È noto che gli elementi radioattivi causano cancro alla tiroide (contaminazione da iodio 131), cancro al midollo spinale, leucemia e mutazioni genetiche. Le ricerche condotte nell'area contaminata suggeriscono che la radioattività può essere la causa di altre malattie, come quelle cardiovascolari, la cataratta, l'invecchiamento precoce, l'indebolimento del sistema immunitario e i difetti alla nascita.

 ## IL DECADIMENTO DEGLI ELEMENTI RADIOATTIVI

Gli elementi radioattivi decadono in base al proprio tempo di dimezzamento. L'emivita è il tempo necessario per il decadimento della metà della quantità iniziale di elementi. Lo iodio 131, ad esempio, ha un'emivita di 8 giorni: al termine di questi, metà della quantità iniziale di atomi è scomparsa, dopo 16 giorni ne rimane un quarto e così via. Questo isotopo si eliminò quindi nelle settimane successive all'incidente. Ma lo stronzio 90 (28 anni), il cesio 137 (30 anni) e soprattutto il plutonio 239 (più di 24.000 anni) impiegano più tempo. Poiché il plutonio 239 è un isotopo pesante, i suoi rilasci si concentrano nelle vicinanze dell'impianto.

UN TRIBUTO UMANO CONTROVERSO

Il bilancio ufficiale delle vittime presentato congiuntamente dall'AIEA (Agenzia Internazionale per l'Energia Atomica) e dall'OMS (Organizzazione Mondiale della Sanità) nel 2005 è stato di 56 morti e di altri 4.000 possibili decessi a lungo termine. Questa cifra viene però attaccata da ricercatori indipendenti e organizzazioni ambientaliste, che denunciano l'influenza della potente lobby nucleare. Greenpeace sostiene che negli ultimi 15 anni si sono verificati 200.000 decessi e stima che l'esposizione alle particelle radioattive causerà in futuro 270.000 tumori, 93.000 dei quali mortali.

I manifestanti insistono sul fatto che i rapporti ufficiali approfittano della mancanza di monitoraggio sanitario volontario dei liquidatori e minimizzano le dosi di radiazioni ricevute dalla popolazione. Inoltre, si basano su dati ufficiali e non su dati di campo, ignorano gli effetti a lungo termine e non tengono conto delle patologie non mortali. Infine, attribuiscono l'aumento dei tumori a ragioni non correlate all'incidente e i problemi di salute a una semplice radiofobia della popolazione.

UN ABISSO ECONOMICO

Il disastro ha richiesto spese fenomenali in un momento difficile. L'OMS ha stimato un costo di centinaia di miliardi di dollari in 20 anni. Questa somma tiene conto dei danni diretti, dei costi di liquidazione, delle spese mediche, delle evacuazioni, dei risarcimenti per le vittime, nonché della ricerca sulle conseguenze sanitarie e ambientali, per non parlare del monitoraggio del sito di Chernobyl. L'incidente ha causato anche significative perdite territoriali a lungo termine, poiché milioni di ettari sono stati contaminati e resi inadatti all'agricoltura e alla silvicoltura.

L'immenso costo dell'incidente confermò la decisione di Gorbaciov di abbandonare la corsa agli armamenti con gli Stati Uniti. La Bielorussia, con quasi il 25% del suo territorio contaminato, nei primi anni ha speso quasi un quarto delle sue entrate per la gestione dei disastri. Il sarcofago mostra importanti segni di debolezza e un nuovo sistema di contenimento per coprire quello vecchio è in costruzione e dovrebbe essere completato nel 2015. L'Ucraina ha dovuto ricorrere agli aiuti internazionali per finanziarlo.

IL LUTTO IMPOSSIBILE DEI RMBK

L'incidente non cambiò la posizione dei leader sovietici riguardo allo sviluppo nucleare. Dopo aver ottenuto l'indipendenza dall'URSS nel 1991, l'Ucraina era rimasta legata all'energia nucleare perché essa le aveva permesso di assicurarsi una parvenza di indipendenza energetica dalla Russia. All'inizio degli anni '90, il 30% dell'energia elettrica proveniva dal nucleare.

Le enormi difficoltà finanziarie dei Paesi dell'Europa orientale costituivano un ostacolo considerevole alla corretta manutenzione dei reattori e al loro miglioramento tecnico, ma poiché questi Paesi erano in perenne crisi energetica, gli imperativi economici restavano prioritari. L'impianto di Chernobyl aveva continuato quindi a funzionare fino al 2000. Nella notte tra l'11 e il 12 ottobre 1991 si verificò un'esplosione nella sala macchine del secondo reattore. Anche se il secondo reattore non fu colpito, venne immediatamente e permanentemente spento. La chiusura completa dell'impianto, inizialmente prevista nel 1990 per il 1993, fu decisa solo nel 1995 in cambio di aiuti finanziari internazionali per compensare la perdita di elettricità e mantenere i posti di lavoro. 11 reattori dello stesso tipo sono ancora in funzione oggi, tutti in Russia.

RIFLESSIONI SUL NUCLEARE

L'incidente suscitò forti emozioni in Europa, mobilitando la popolazione e i movimenti ambientalisti attorno a un vasto dibattito sulla sicurezza nucleare. I vari Stati reagirono in modo diverso: alcuni cambiarono la loro politica energetica, mentre altri scelsero di continuare con l'energia nucleare. Dopo un rallentamento, questo settore sta vivendo un nuovo sviluppo, soprattutto nei Paesi emergenti.

A livello istituzionale, l'incidente fu seguito in tutta Europa da riflessioni sulla gestione delle crisi nucleari, dal rafforzamento della cultura della sicurezza, dall'esplorazione di nuove possibilità di incidente e dal rafforzamento delle reti di monitoraggio ambientale. Inoltre, aprì la strada a un migliore coordinamento transfrontaliero, con la firma di convenzioni internazionali sulla sicurezza, l'informazione e l'assistenza in materia di nucleare civile.

IN SINTESI

- Il disastro nucleare di Chernobyl del 26 aprile 1986 non fu un incidente operativo di routine in una centrale nucleare. L'esplosione del reattore n. 4 avvenne durante una fase sperimentale andata male e fu il risultato di una serie di errori umani. Tuttavia, le conseguenze non sarebbero state così drammatiche se il reattore fosse stato progettato meglio.

- Colto alla sprovvista da un incidente ritenuto impossibile, il governo sovietico cercò di insabbiarlo e di minimizzarne l'importanza una volta riconosciuto. Sebbene il disastro sia presentato come un acceleratore della trasparenza nucleare in Oriente e in Occidente, è ancora circondato da zone d'ombra.

- La liquidazione, il cui scopo era contenere il materiale radioattivo per evitare che si diffondesse, richiese risorse colossali in condizioni di lavoro particolarmente difficili. Tuttavia, rimase incompiuto: un nuovo sarcofago è in costruzione e dovrebbe essere completato nel 2015, in attesa di una soluzione definitiva.

- L'esplosione del reattore portò a una contaminazione di lunga durata degli ecosistemi e delle popolazioni che vivevano nella regione. Le aree più contaminate vennero gradualmente evacuate. Poiché l'incidente non aveva precedenti, le sue reali conseguenze sulla salute sono ancora in parte sconosciute. Saranno determinati dagli effetti a lungo termine della radioattività sull'organismo.

- Il tributo umano è attualmente un enorme campo di battaglia. Gli scienziati reagiscono con accuse di calcoli falsi o falsificati, studi sbagliati, valutazioni fatte male, dati di riferimento distorti o non verificati, standard inadeguati e parametri di riferimento infondati.

- L'incidente di Chernobyl sta portando tutti i Paesi a riesaminare la sicurezza dei loro impianti e i loro piani di risposta agli incidenti. Nell'Europa orientale sono stati apportati miglioramenti tecnici ai reattori più pericolosi, ma la situazione economica catastrofica e il fabbisogno energetico dissuadono le autorità dal chiuderli completamente.

- Chernobyl è allo stesso tempo un evento storico, un disastro tecnologico, un enigma sanitario, un argomento nel dibattito sul nucleare, un oggetto di studio sociologico e di riflessione filosofica. La sua storia è ancora in fase di scrittura.

PER ANDARE OLTRE

FONTI BIBLIOGRAFICHE

"Incidente di Chernobyl, movimento della nube radioattiva sull'Europa tra il 26 aprile e il 10 maggio 1986", in *Institut de radioprotection et de sûreté nucléaire*, consultato il 21 settembre 2014.
http://www.irsn.fr/FR/popup/Pages/tchernobyl_video_nuage.aspx

ACKERMAN (Galia), *Chernobyl, retour sur un désastre*, Parigi, Buchet/Chastel, 2006.

AGENZIA PER L'ENERGIA NUCLEARE (OCSE), *Chernobyl: valutazione dell'impatto radiologico e sanitario*, Parigi, OECD Publishing, 2002.

BELBÉOCH (Bella e Roger), *Chernobyl, una catastrofe. Quelques éléments pour un bilan*, Paris, Allia, 1993.

CASTANIER (Corinne), "L'Agence internationale de l'énergie atomique et son directeur général, lauréats 2005 du prix Nobel de la paix". L'avenir s'assombrit encore pour les victimes de Tchernobyl", in *Trait d'union*, n. 32/33, 2005, p. 24-30.

COUMARIANOS (Philippe), *Chernobyl dopo l'Apocalisse*, Parigi, Hachette Littératures, 2000.

DELÉAGE (Jean-Paul), "Rapport secret sur les défauts de la centrale de Tchernobyl", in *Écologie & Politique*, n° 27, 2006, p. 227-231.

DESCOLONGES (Michèle), "Perte de la foi communiste après Tchernobyl", in *Écologie & Politique*, n° 32, 2006, p. 37-52.

DESHUSSES (Henri-Paul), *La radioactivité dans tous ses états*, Ginevra, Georg Éditeur, 1997.

GRANDAZZI (Guillaume) e LEMARCHAND (Frédérick), *Les silences de Tchernobyl. L'avenir contaminé*, Parigi, Autrement, 2004.

GREENPEACE, *Il disastro di Chernobyl. Conseguenze per la salute umana*, Amsterdam, 2006.

GREENPEACE, *le vittime di Chernobyl ampiamente sminuite. Uno studio rivela la vera entità del disastro*, comunicato stampa del 19 aprile 2006.

JACQUEMIN (Didier), *Les accidents de fusion du cœur des réacteurs nucléaires de puissance. Stato delle conoscenze*, Nanterre, EDP Sciences, 2013.

KOSTINE (Igor), *Chernobyl, confessioni di un reporter*, Parigi, Éditions des Arènes, 2006.

KOZOVOY (Andrei), *La caduta dell'Unione Sovietica 1982-1991*, Parigi, Éditions Tallandier, 2011.

LEGASSOV (Valeri), "Il mio dovere è parlarne", in *Pravda*, 20 maggio 1988.

MEDVEDEV (Grigori), *La verità su Chernobyl*, Parigi, Albin Michel, 1990.

OMS-IAEA-UNDP, "Chernobyl: la vera portata dell'incidente", comunicato stampa, Ginevra, 5 settembre 2005.

ORGANIZZAZIONE MONDIALE DELLA SANITÀ, *Le conseguenze sanitarie dell'incidente di Chernobyl*, Ginevra, 1996.

ROBEAU (Daniel), *Catastrophes et accidents nucléaires dans l'ex-Union soviétique*, Nanterre, EDP Sciences, 2001.

CHERTKOFF (Wladimir), *Il crimine di Chernobyl o il gulag nucleare*, Parigi, Actes Sud, 2006.

WERTH (Nicolas), "Chernobyl: enquête sur une catastrophe annoncée", in *L'Histoire*, n° 308, 2006, p. 66-75.

FONTI AGGIUNTIVE

ALEXIEVITCH (Svetlana), *La supplica. Chernobyl, cronache del mondo dopo l'apocalisse*, Parigi, J'ai lu, 2000.

CHARPAK (Georges), GARWIN (Richard) e JOURNÉ (Venance), *De Tchernobyl en Tchernobyls*, Parigi, Odile Jacob, 2005.

COMMEAU-RUFIN (Irène), "La Catastrophe de Tchernobyl, miroir de la presse soviétique", in *Politique étrangère*, n° 3, 1986, p. 711-726.

GOUJON (Alexandra), LALLEMAND (Jean-Charles) e SYMANIEC (Virginie), *Chroniques sur la Biélorussie contemporaine*, Paris, L'Harmattan, 2001.

GRANDAZZI (Guillaume) e LEMARCHAND (Frédérick), "Témoigner sur Tchernobyl : les sciences humaines et l'art face à la catastrophe", in DÉPELTEAU (François) e LACASSAGNE (Aurélie), *Le Bélarus : l'État de l'exception*, Québec, Presses de l'université Laval, 2003, pagg. 363-380.

GRAZIOSI (Andrea), *Storia dell'URSS*, Parigi, Presses universitaires de France, 2010.

LEMARCHAND (Frédérick), "Visitate Chernobyl! Le 'tourisme de catastrophe' en question", in *Les Echos*, 19 maggio 2011.

SCHREIBER (Thomas), "Chernobyl e i media nell'Europa orientale", in *Politique étrangère*, n. 3, 1986, pp. 697-701.

TERTRAIS (Bruno), *Atlas mondial du nucléaire*, Paris, Autrement, 2011.

URBANOWICZ (Christophe), *L'empire nucléaire éclaté*, Paris, Éditions Michalon, 1995.

GALLESE (Henry), "Cinema sovietico. Chernobyl nel cinema: l'oscura premonizione", in *Ciné-Bulles*, volume 9, n° 4, 1990, pagg. 4-7.

Werth (Nicolas), *Storia dell'Unione Sovietica*, Parigi, Presses universitaires de France, 2008.

FONTI ICONOGRAFICHE

Foto del reattore n. 4 dopo l'esplosione. La foto riprodotta è considerata libera da copyright.

Foto di liquidatori. La foto riprodotta è considerata libera da diritti.

DOCUMENTARI

La Vie contaminée, vivre avec Tchernobyl, documentario di David Desramé e Dominique Maëstrali, Francia, 2001.

Possiamo vivere qui? documentario di Sylvaine Dampierre, Francia, 2002.

Chernobyl, un alibi concreto, documentario di Bente Milton, Sabine Kemper e Jørgen Pederson, Germania-Danimarca, 2002.

Controversie nucleari, documentario di Wladimir Tchertkoff, Svizzera, 2003.

Le Sacrifice, documentario di Emanuela Andreoli e Wladimir Tchertkoff, Svizzera, 2003.

La battaglia di Chernobyl, documentario di Thomas Johnson, Francia, 2006.

Le Soleil et la mort: Tchernobyl et après, documentario di Bernard Debord, Francia, 2006.

L'Europa e Chernobyl, documentario di Dominique Gros, Francia, 2006.

Paradiso ingannevole, documentario di Marion Pöllmann, Germania, 2009.

Chernobyl, una storia naturale? documentario di Luc Riolon, Francia, 2009.

Chernobyl forever, documentario di Alain de Halleux, Francia, 2011.

MUSEI ED EDIFICI COMMEMORATIVI

Il Museo di Chernobyl a Kiev, in Ucraina.

A Kiev sono stati eretti numerosi monumenti dedicati ai vigili del fuoco, ai liquidatori e alle vittime dell'incidente nucleare.

Vogliamo sapere da voi!
Lasciate un commento sulla vostra biblioteca online
e condividete i vostri libri preferiti sui social media!

L'editore garantisce l'affidabilità delle informazioni pubblicate,
che non possono tuttavia impegnare la sua responsabilità.

Master ISBN: 9782808608459
ISBN cartaceo: 9782808609661
Deposito legale: D/2023/12603/151

Design digitale: Primento,
il partner digitale degli editori.